_____ 님께

사랑이 가득한 당신에게 이 책을 드립니다.

_____

_____

_____

_____ 드림

세상을 보는
16가지 지혜

작은 유산

SIMPLE TRUTHS

SIMPLE TRUTHS :
Clear and Gentle Guidance on the Big Issues in Life
Copyright ⓒ 1996 by Kent Nerburn

Korean Translation Copyright ⓒ 2007 by ITC Co
All Rights Reserved.
The Korean language edition is published by arrangement with
New World Library, Novato through Agency-One, Seoul.

이 책의 한국어판 저작권은 에이전시 원을 통해 저자와의 독점 계약으로
도서출판 ITC에 있습니다. 저작권법에 의해 한국 내에서 보호를 받는 저작물이므로
무단전제와 무단복제를 금합니다.

KENT NERBURN

세상을 보는
16가지 지혜

작은 유산

SIMPLE TRUTHS
CLEAR & GENTLE GUIDANCE ON THE BIG ISSUES IN LIFE

켄트 너번 지음 | 공경희 옮김

지은이 _ **켄트 너번** Kent Nerburn

켄트 너번은 종교학과 예술 분야에서 박사학위를 받았으며, 브리티시 컬럼비아에 있는 웨스트민스터 베네딕트 사원, 일본 히로시마의 평화의 박물관에 설치된 작품을 만든 뛰어난 조각가이기도 하다. 몇 년간 미네소타의 오지브에 부족과 함께 부족 연장자들의 회고담을 수집하는 일을 도우기도 하였다.
저서로는 《작은 은총》, 《나는 당신의 안식을 위한 악기가 되리》, 《내 아들에게 보내는 편지》, 《늑대도 아닌 개도 아닌 : 인디언 노인과 함께 한 잊혀진 길 위에서》가 있다. 《미국 원주민의 지혜》와 《인디언의 영혼》의 편집자이기도 하다.
미네소타 북부의 캐나다 접경 지역에서 아내 루이스, 아들 닉과 함께 살고 있다.

옮긴이 _ **공경희**

서울에서 태어났으며, 서울대 영문과를 졸업하였다. 성균관대 겸임 교수를 역임하였고, 현재는 서울여대 대학원에서 강의와 번역 작가로 활동 중에 있다. 지금까지 100여 종 이상의 책을 우리말로 번역해왔으며, 대표작으로는 《메디슨 카운티의 다리》, 《모리와 함께한 화요일》, 《호밀밭의 파수꾼》, 《파이 이야기》, 《행복한 사람, 타샤 튜더》, 《시간의 모래밭》 등이 있다.

일러두기 _ 《작은 유산》은 《단순하게 사는 법》의 개정판입니다.

인생은 끝없이 솟는 창의력을 경험하는 것이며,

우리는 매순간 스스로 내리는 결정에 의해

자신의 모습을 만들어간다.

차례

1 배움 · 21
2 일 · 29
3 돈 · 35
4 재산 · 51
5 나눔 · 59
6 여행 · 65
7 사랑 · 73
8 결혼 · 79

9 부모가 되는 것 • 89

10 외로움과 고독 • 97

11 힘 • 105

12 비극과 고통 • 109

13 노인 • 113

14 죽음 • 121

15 영혼의 여행 • 127

16 에필로그:신비로움 껴안기 • 135

추천사

진실한 삶을 위한
작은 나침반과도 같은 책

 이 책은 삶의 15가지 난제에 대해 종교학과 예술 분야에 조예가 깊은 켄트 너번 박사의 깊은 고찰이 담겨 있다. 너번 박사는 복잡한 인생을 제대로 살기 위해서는 명쾌한 자기 법칙이 있어야 한다고 강조한다. 그의 짤막한 글들은 많은 생각을 하게 하며, 우린 이를 통해 훨씬 더 지혜로워질 수 있다.

 배움, 일, 돈, 재산, 나눔, 여행, 사랑, 결혼, 부모가 되는 것, 외로움과 고독, 힘, 비극과 고통, 노인, 죽음, 영혼의 여행 등 인생의 난제에 대해 '아버지'이자 '친구'로서 자식에게 주는 조언의 글 모음이다.

 돈에 대해서 켄트 너번은 얼마나 많은 돈을 갖고 있느

냐가 아니라, 돈을 대하는 방식의 중요성을 강조한다. 그가 제시하는 돈을 대하는 기본 지침은 첫째, 부자가 되는 방법을 아는 것이 중요한 것처럼, 가난해지는 방법을 아는 것 역시 중요하다. 둘째, 생활을 하면서 빚을 지면 안 된다. 셋째, 돈은 거머쥐려는 사람한테서는 슬금슬금 달아나고, 나누려는 사람에게는 다가가는 성질이 있다. 넷째, 돈은 왔다가 가는 것이다. 분명한 사실은 돈에 활기를 주고 의미를 부여하는 것은 그 교환정신에 있는 것으로서 부자든 가난뱅이든 돈에 집착하는 사람은 우리 사이에 있는 문을 닫는 데 돈을 쓴다고 말한다.

그는 나눔에 대해선 이렇게 조언한다. 타인에게 무엇인가 나누어주는 것이야말로 무겁디무거운 마음을 바꿀

추천사

수 있는 기적이다. 진정한 나눔은 경제적인 교환행위가 아니라, 생명력 넘치는 행위이다. 그것은 가진 것에서 일부를 덜어내는 게 아니라, 우리가 세상에 미칠 수 있는 영향력을 몇 곱절 더 더하는 일이다. 지나가는 사람에게 "안녕하세요?"라고 인사할 수 있고, 이웃 사람에게 "제가 도와 드릴까요?"라고 제의하는 것. 이런 소박한 일을 실천한다면, 나눔의 기적이 이해되기 시작할 것이다. 무엇보다 좋은 것은 나눔은 또 다른 나눔으로 이어진다. 일단 나눔을 실천하는 사람이 되면, 그때부터는 절대로 혼자가 아니라는 것이다. '아름다운 재단'이나 '아름다운 가게' 등을 꾸려오면서 늘 공감하는 말이다.

이외에도 삶의 주요 명제에 대한 저자의 깊은 고찰이

곳곳에 묻어 있다. 《작은 유산》은 어려운 시대를 살아가는 데 힘이 되고 진실한 삶을 안내하는 작은 나침반의 모습을 하고 있었다.

박 원 순
아름다운재단 총괄상임이사, 희망제작소 상임이사

지은이의 글

사랑하는 너에게

세상에는 인생에 대한 멋들어진 설교와 이론들로 넘쳐난다. 이처럼 의견을 말하는 사람들이 많은데 내 목소리까지 보태는 모험을 감수하고 싶지 않더구나.

그런데 중년에 접어들자 모든 게 변했다. 더구나 네가 태어나면서 난 큰 놀라움을 경험했다. 풍랑이 이는 험한 세상에서 인생의 항해를 시작해야 되는 네가 내 앞에 있었다. 내게는 너의 길잡이가 될 책임이 있었다. 지금도 마찬가지이고.

그러나 주위를 돌아보면 걱정이 많아진다. 세상에는 다른 견해와 관점이 충돌하고 갈등하고, 화려한 꿈과 불투명한 미래가 저 수평선 너머에 나란히 자리하고 있다. 맑고 단아한 음성은 찾기가 쉽지 않다.

만약 내가 너에게 가치 있는 것을 줄 수 있다면, 그것은 바로 네가 처한 조건을 인정하고 너의 무한한 잠재성에 소망을 거는 삶을 살게 하는 것이 아닐까. 또 우리가 사는 세상에 대해 연민과 공감을 가지고, 네 앞에 펼쳐질 광활하고 혼란스런 풍경을 제대로 보는 지혜를 갖게 해주는 것이라고 생각해본다.

우리는 진심으로 대화하기 힘든 시대에 살고 있다. 영혼의 시(詩)는 사소한 걱정에 짓눌려 침묵하고 있다. 이 작은 책은, 인생을 살면서 진지하게 고민해봐야 될 몇 가지의 큰 질문에 대해 마음 깊은 곳에서 우러나는 이야기를 하기 위해 썼단다.

이 책을 아버지와 친구로서 네게 바친다.

켄트 너번 Kent Nerburn

옮긴이의 글

세대를 떠나 읽어봐야 할 책

　내 친구 프란세스. 아일랜드계 스코틀랜드인. 여든 살. 내게 '난 네 스코틀랜드 어머니'라고 했던 그분이 얼마 전 세상을 떠났다. 프란세스는 우리 가족이 영국의 글라스고에 살 때 옆집에 살던 할머니였다. 당시 74세로 재혼한 지 3년밖에 안 되어 우리 부부보다 신혼이었던 프란세스는 동네의 유일한 동양인이었던 우리에게 울타리가 되어 주었다. 난 치즈 케익을 구우면 절반을 잘라 프란세스에게 갖다주었고, 여름이면 나란히 붙은 손바닥만 한 뒷마당에서 수박을 나눠 먹었다. 프란세스는 내게 친구가 필요하다면서 어느 날 내 또래인 알리슨을 데리고 우리 집에 왔다. 이후 우리는 한 가족처럼 어울렸고, 귀국한 후에도 몇 차례 만났다. 글라스고에 도착해서 전화해서 찾아가겠다고 하면, 프란세스는 '뭐 먹고 싶으냐?'고 물었다. 우리는 식사 시간을 피해 갔지만, 그분은 몇 시든 상관없이 밥상을 차려주셨다. 또 남편이 좋아하는 '쇼트브레드' 쿠키도 구워놓고 기다렸다. 헤어질 때면 내 딸 유나에게 돈을 주면서 "사탕 사먹으렴." 하며 다정하게 말했다. 핏줄이 아니어도, 인종이 달라도 가족이 될 수 있음을 가르쳐준 프란세스. 구불구불한 글씨로 '네 스코틀랜드 어머니'라고 적어 보낸 그녀의 크리스마스카드를 이제는 받을 수 없다. 하지만 하늘나라에서 그 환한 미소를 짓고 있으리라 믿는다. 스코틀랜드의 여름 햇살처럼 맑고 환한 미소를.

프란세스 할머니에게 살아가는 방식을 배웠다. 가족에게, 이웃에게, 세상에게 미소 짓고 부추겨주며 활기찬

옮긴이의 글

삶을 살던 분이었다. 4월의 어느 때가 되면 그녀는 정원 가꾸기를 시작했다. 흙과 식물을 사다가 화분에 심어 현관 옆에 걸었다. 매주 수요일이면 교회에 나가 노인들을 위해 커피를 대접했다. 할머니의 집에는 늘 사람이 북적였다. 그녀는 우리가 귀국한 후 암에 걸려 입원했고, 문병 갔던 알리슨은 내게 '문병객이 얼마나 많은지, 프란세스는 손님 접대하느라 바빠서 환자 같지 않았다.'라는 편지를 보냈다. 노년에 재혼해서 새로운 삶을 살고, 어미 닭처럼 이웃을 품어 안고 보살피며 살았던 프란세스는 천국에서도 천사들을 보살펴주며 분주하게 지낼 것이다. 그 생각을 하면 나도 모르게 미소가 지어진다. 나중에 우리는 천국에서도 나란히 살면서 케이크도 구워 먹고, 수박도 나눠 먹겠지. 내가 병원에 가야 했던 날 딸 유나를 학교에 데려다주고, 아이가 교실에 들어갈 때까지 교문 밖에 서서 교통 봉사를 하는 부인과 내 이야기를 했다던 프란세스. 내게 소박하고 아름다운 삶을 가르쳐 주고 떠난, 또 거기서 나를 기다릴 나의 '스코틀랜드인 어머니'를 추억하며 이 책 작업을 했다.

20년 가까이 번역 작업을 하면서, 같은 책을 다시 번역하기는 이 책이 처음이다. 어떤 책은 오랜 세월 동안 대를 이어가며 독자들에게 사랑받고, 어떤 책은 얼마 지나지 않아 잊혀진다. 이 책은 우리 세대를 떠나 다음 세대에도 그리고 그 다음 세대에도 널리 사랑받을 훌륭한 내용을 담고 있어 재번역 요청에 흔쾌히 응했다.

책은 생명체와 같아서 저마다의 운명이 있다는 생각

옮긴이의 글

을 해본다. 몇 해 지나 이번에 이 책을 다시 번역하면서, 텍스트는 변하지 않았지만 글을 대하는 내가 많이 변했음을 느꼈다. 그 사이 누구의 엄마로, 아내로, 딸로, 자매로, 번역 작가로, 선생으로, 이웃으로 살아내면서 삶을 대하는 내 마음이 넓어졌을까. 살아가는 일의 여러 면을 소박하지만 명료하게 들려주는 텍스트를 번역하면서, 전에는 알아차리지 못한 행간의 의미를 알아듣게 되었다. 만나본 적 없는 저자와의 대화는 그렇게 시작된다. 그가 독자에게 하고 싶은 말, 아니 하고 싶은 말이 있는 그 마음을 헤아리게 된다.

시간이 흐른 후 다시 같은 작품을 만났을 때 낯익음과 함께 새로움을 느꼈다. 오로지 새로움과 만나는 것과는 전혀 다른 기분이었다. 달라진 눈으로 보고 옮긴 글이 독

자들에게도 인생에 대한 한층 깊은 깨달음을 안길 수 있기를 바란다.

공 경 희

1

배움

On Education and Learning

On Education and Learning

 교육은 삶의 큰 기쁨이자 위안이다. 주변 세상을 이해하고, 시공을 초월해 타인의 생각과 감정을 만날 수 있는 틀을 갖춰주는 것이 교육이다.
 교육은 제도권의 정규 수업을 넘어서는 개념이다. 그것은 정신의 틀이며, 끝없는 호기심과 경이에 찬 눈으로 세상을 보려는 의지이다.
 진정으로 교육받고 싶은 사람이라면, 이런 정신의 틀을 갖춰야 한다. 날마다 펼쳐지는 다양한 경험에 마음을 활짝 열어야 한다. 감정과 하늘의 움직임, 새의 노래에 마음을 열어야 한다. 다른 나라 다른 시대에 살았던 이들의 실패와 성공, 기술자와 피아니스트 그리고 어린이의 예술적인 손놀림에 마음을 열어야 한다. 우리 앞에 배움의 한계란 없다. 매일 천 번도 넘게 마음을 가득 채워줄

배움

수 있는 것, 그것이 바로 배움이다.

　어떻게 교육하는 것이 최선이냐 하는 딜레마는 자유로운 지식 탐구와 구조화된 지식 전달이라는 두 가지의 대립되는 구도 위에 놓여 있다.
　지도에도 나오지 않는 오지를 떠돌면서 삶의 교훈을 체득하는 것이 가장 확실한 공부라고 믿는 사람도 있다. 어떤 주제에 관련된 지식 모두를 습득해서 실생활에 활용하는 것이 최선이라고 믿는 사람도 있다.
　두 가지 방법 중 어느 쪽이 옳고 어느 쪽이 틀리다고 단정할 수는 없다.
　그러나 만약 어느 한쪽에 무게를 싣고 싶다면, 공자가 후학들에게 권한 다음의 말을 마음에 담아야 한다.

On Education and Learning

"생각하지 않고 공부하면 장님이 되고, 공부하지 않고 생각만 하면 위험에 빠진다."

제도권의 정규 수업은 교육의 한 방법이며, 과소평가되어서는 안 된다. 좋은 학교에서는 지식을 전달하면서도 세상을 이해할 수 있는 맥을 잘 짚어준다. 학교는 혼자서 발견할 수 없는 아이디어에 눈뜨게 해주고, 일상에서 만나기 힘든 사람들과 만나게 해주며, 세계의 문화와 철학을 가르쳐준다. 공동체의 일원이 되게 하고, 끝없이 밀려오는 경험의 물결을 탈 수 있는 배가 되어준다.

그러나 정규 교과과정에는 비관적인 면도 있다. 학생들이 관심과 믿음을 갖고 열정을 바치기에 적합하지 않은 면도 있기 때문이다.

배움

정규 교육이 짐으로 느껴질 경우가 있다. 그렇다 하더라도 성급하게 정규 교육을 팽개쳐서는 안 된다. 지금의 정규 교육은 우리의 지식을 짧은 시간에 훌쩍 성장시킬뿐더러 더 알고자 하는 욕구를 높여준다.

지식인들 대부분이 정규 교육을 받았다는 점을 염두에 두자. 시대를 거슬러 모든 사람과 문화권이 정규 교육을 추구하고 존중했다는 점을 기억하자. 정규 교육에는 혼자 하려는 열정을 넘어서는 장점이 분명히 있으며, 정규 교육을 포기할 경우에는 그만한 위험을 감수해야 한다.

그러나 정규 교육은 영혼에 풍요와 충만감을 안겨주지는 못할 것이다. 따라서 지식과 더불어 지혜를 추구해야 한다. 지식이 다양한 것이라면, 지혜는 유일한 것이다. 지식이 언어라면, 지혜는 침묵이다. 지식이 앞으로

On Education and Learning

나와 보이는 것을 이해하는 것이라면, 지혜는 중간에 서서 보이지 않는 것을 아는 것이다. 이 배움의 양면을 갖지 않고는 누구도 온전해질 수 없다.

지혜를 찾는 데는 여러 가지 길이 있다. 여행이나 관심 분야에서 성공한 사람들을 만나거나 봉사 활동을 통해 지혜를 구할 수도 있다. 어린이와 노인, 연인, 낯선 이의 눈을 보면서 얻을 수도 있다. 한 곳에 조용히 앉아서 지혜를 얻을 수도 있고, 삶의 격랑에 휩쓸리면서도 지혜를 얻을 수 있다. 우리가 이해 못하고 선택하지 않더라도 인생 자체가 지혜를 선물해주기 때문이다. 지혜를 얻을 수 있는 모든 길 위에서, 마음을 열고 넓은 가슴으로 그것들을 껴안느냐 돌려보내느냐는 오직 자신에게 달려 있다.

어떠한 교육이나 배움도 소홀히 해서는 안 된다.

배움

  정규 교육을 덜 받은 사람이 특정 부문에 관련해서는 더 깊이 알고 지혜로울 수도 있다. 독특한 방식으로 인생의 특별한 점을 터득한 이들의 가르침에 마음의 문을 연다면, 그 경험은 오롯이 자신의 것이 된다.

  평생을 정규 교육에 매진해서 상상도 못할 큰 업적을 남긴 사람도 있다. 우리가 탐구의 길에서 느끼는 권태와 피로를 이길 수만 있다면, 그런 이들은 우리를 아름다운 곳으로 이끌어줄 수 있다.

  지식과 지혜 중 어느 것이 더 훌륭하냐는 질문을 받은 어느 음악가는 이렇게 대답했다. "지식이 없었다면 나는 바이올린 켜는 법을 배우지 못했을 것이며, 지혜가 없었다면 음악을 연주하지 못했을 것입니다."

  열정 넘치는 삶을 사는 이들과 함께 있으면 자연스럽

On Education and Learning

게 열정적인 삶을 배우게 될 것이다. 하지만 어떤 길을 어떻게 가든 배우기를 좋아하고 습관화해야 한다. 삶의 어느 모퉁이에서, 우리는 어떤 분야에 대해서는 어느 누구보다 잘 아는 게 있기 마련이다. 그러나 교육의 진정한 가치는 무엇을 아느냐가 아니라, 아는 것을 다른 이들과 어떻게 나누느냐로 가늠된다.

2

일
On Work

On Work

직업은 신중하게 선택해야 한다.

일을 돈 버는 수단일 뿐이라고 믿는다 하여도, 아무튼 시간이 들어가기에 직업이 그 사람의 모습을 만들기 마련이다.

일에 시간을 쏟는 것은 자신의 영혼을 쏟는 것과 마찬가지다. 결국 일이 삶을 채운다고 할 수 있다.

그러니 직업을 선택할 때는 겉모습만 보는 우를 범해서는 안 된다. 그 일이 내게 매일, 매시간, 매분 무엇을 요구하는지 잘 따져야 한다. 내가 시간을 쏟고 싶은 일인지 진지하게 고민해봐야 한다.

그런 후에 선택한 직업이 아니라면, 그 일은 꿈으로 가는 마차가 아니라 감옥이 된다. 꿈도 없이 감옥에 사는 것은 온전한 삶이 아니라 반만 사는 것이라 할 수 있다.

일

일을 '소명vocation'으로 생각해야 한다. '소명vocation'은 '부르심calling'이란 라틴어에서 나온 말이고, '부르심calling'은 '목소리voice'에서 나온 말이다. 직업은 진정 그런 것이어야 한다. 즉 나를 부르는 것, 내가 누구이며, 세상에서 어떤 이야기를 하고 싶은지 분명한 목소리를 내는 것이어야 한다.

소명을 찾았다면 꼭 끌어안아야 한다. 이제 세상에 사랑으로 기여할 길을 찾아낸 셈이니.

그러나 소명을 찾는 것이 그리 쉬운 일은 아니다.

생각하는 것만으로는 진정으로 하고 싶은 일이 뭔지 분명히 알 수 없다. 따라서 일을 해보고 그 일이 내게 맞는지 알아봐야 한다. 일이 내가 되고 내가 그 일이 될 때

On Work

까지 흠뻑 빠져야 한다. 그런 다음 그 일을 끌어안을 것인지, 포기할 것인지 결정해야 한다.

맞지 않는 일을 접고, 마음에 와 닿는 새로운 길로 나서면 안 될 이유가 있을까? 인생을 살면서 두세 가지, 아니 그 이상의 다양한 직업을 가져보지 못할 이유는 없다. 안정된 직업이라는 점 때문에, 내 꿈을 잡아먹는 사슬에 얽매인 삶을 살면서 고통받을 이유는 없는 것이다.

예전에 만난 한 대학 교수는 피아노 연주가가 되는 꿈이 있었다고 했다. 그러나 그는 실패가 두려워 학계로 들어갔다. 대학 교수직은 안정되고 수입도 일정했기 때문이다. 내가 대학원에 다니던 어느 날, 그에게 "저는 왠지 행복하지 않아요."라고 털어놓자, 그는 피아노 앞에 가

일

앉았다. 그리고 감미로운 곡을 연주하더니 갑자기 손을 멈추었다. "자네 가슴 속에 묻어 둔 그 일을 추구하게. 난 피아니스트가 되고 싶었다네. 요즘은 매일 피아니스트가 되었더라면 얼마나 행복했을까라는 생각만 하면서 산다네."

가슴 속에서 타오르는 것을 찾아 그 일에 매달려라. 밥벌이가 아니라 소명을 찾아라. 삶이 소중해지고 나날이 행복해질 것이다.

  On Work

3

돈

On Money

On Money

돈은 우리의 삶을 지배한다.

물론 터무니없는 소리라고 말할 수도 있다. 그보다 높은 것을 추구하거나 돈과 무관하게 살 수도 있다. 도덕적이면서 지성이 넘치는 삶을 살 수도 있다. 하지만 그런 삶을 살아갈지라도 돈은 우리 생활의 중심에 있다. 그렇다고 돈이 가장 중요하다는 얘기는 아니다. 돈은 삶을 가치 있게 만드는 것들과는 아무 관계도 없으니까.

이것이 우리가 처한 큰 딜레마이다. 삶을 가치 있게 만들지는 않지만 삶의 한가운데 자리잡고 있는 이것과 어떻게 해야지 조화롭게 지낼 수 있을까?

엄청난 부자이면서도 가난해질까 봐 나눔을 겁내는 사람을 많이 봤다. 그런가 하면 가난하지만 타인과 나눌

돈

만큼 넉넉해 보이던 이들도 있다. 인심 좋은 부자, 지독한 가난뱅이, 야바위꾼, 성자……. 두루두루 보았다. 그들에게는 공통점이 있었다. 얼마나 가졌느냐가 아니라 돈을 어떻게 생각하느냐에 따라서 돈을 대하는 방식이 다르다는 점이다.

돈은 현실적인 차원에서 보면 분명하다. 돈이 있거나 없거나 둘 중 하나다. 하지만 감정과 심리적 차원에서 본다면, 돈은 순전히 허구에 불과하다. 우리가 마음먹는 대로 변하는 게 돈이다.

두 사람을 상상해보자. 한 사람은 욕구 충족에 역점을 두고 삶을 꾸려간다. 그에게는 욕망을 채우는 데 필요한 돈의 액수를 가늠하는 계산기가 몸에 있는 듯 그만한 돈

On Money

이 없으면 늘 가난하다고 느낀다.

돈의 기본적인 수준에서 보면, 이 사람은 현실과는 다른 욕구를 돈으로 메우지 못하면 가난하다고 느낀다. 지금 백만장자이면서도 억만장자를 꿈꾼다면, 마음속에서 그는 항상 가난뱅이다.

또 한 사람은 돈을 생활에 필요한 수단에 불과한 것으로 여긴다. 필요한 액수보다 주머니에 1달러만 더 있어도 그의 마음은 편해진다. 필요한 액수보다 10달러쯤 더 있다면 대단한 부자가 된 기분이 들 것이다.

이 사람은 욕망을 기준으로 살아가지 않기에, 돈과 욕망을 연결하지 않는다. 그저 10달러만 더 있어도 원하는 대로 쓸 수 있는 것이다.

두 사람의 차이는 그들 각자의 재력에 있는 것이 아니

다. 돈에 대한 심리적인 관계가 서로 다를 뿐이다. 두 사람이 같은 액수의 돈을 갖고 있다 해도, 한 사람은 돈을 욕망에 견주어 따지고 한 사람은 필요에 견주어 따진다.

돈을 욕망에 견주어 따지는 사람은 행복하지 않다. 늘 다른 욕구가 여기저기서 유혹하기 때문이다. 돈을 필요에 견주어 따지는 사람은 필요를 조절하여 생활을 조절할 수 있게 된다.

반드시 돈으로 충족시켜야 되는 부분도 있다. 최소한의 돈만 필요한 사람이라도 가족을 먹이고 입힐 형편이 못 된다면 힘든 생활을 겪을 것이다.

생존이 힘들 정도로 형편이 나쁠 때는 돈이 삶의 중심이 되기 마련이다. 돈에 매달리게 되고, 이내 절박함과

On Money

분노로 마음이 엉망이 된다.

옥죄는 궁핍함 때문에 자신도 모르게 분노와 절박함이 치민다면, 그런 기분을 떨치고 내면 깊은 곳으로 들어가서 자신의 가치를 발견해야 한다. '난 할 수 있고 더 잘할 것'이라는 믿음을 찾아내야 한다. 그런 다음 손을 뻗어 그 믿음과 대화해야 한다.

세상은 힘들게 사는 이들로 넘쳐난다. 하지만 이들을 돕고자 하는 사람들도 있는데, 그들은 자신의 눈으로 본 것만큼만 도와준다. 즉 굶는 사람을 보면 먹이려 애쓸 것이고, 화난 사람을 보면 피하려 할 것이다. 그러나 장래성이 큰 사람을 보면 능력을 꽃피우도록 도와주려 한다.

그러므로 분노와 절망이 아닌 자신의 장래성을 보여주자. 그러면 우리의 삶을 움켜쥐었던 궁핍이란 손은 우

돈

리를 놓아줄 것이다.

 가난으로 인한 절망감을 극복하기 위해서는 단 하나, 오직 일밖에 없다. 어떤 일이라도 일은 절망감이 잡아먹은 내면의 가치를 다시 세워준다. 아무리 시시한 일이라도 성장의 틀을 만들어주고, 설 곳을 마련해준다. 우리는 그 자리에서 더 높은 곳으로 손을 뻗을 수 있게 된다.
 가난이라는 짐이 버거울 때 결코 돈을 구하기 위해 애쓰지 말고 일을 구하라. 돈은 자연히 따라오게 되어 있다. 그러면 돈은 삶의 중심에서 밀려나고, 의미 있는 삶을 사는 데 도움을 주는 도구의 자리로 돌아가게 된다.

 돈은 가난한 사람만 휘두르는 게 아니라, 부자도 쉽게

On Money

휘두른다. 돈에 무관심한 사람에게도 (돈 걱정을 하지 않을 정도의 돈만 원하는 사람이라도) 어느 시점이 되면 돈은 손에 잡히지 않는 추상적인 그 무엇이 되어버린다. 어느 정도의 돈을 갖게 되면 이 돈을 어떻게 투자할지 고민해야 한다. 또 소득에 따라 세금도 내야하고, 그러다보면 돈 자체가 삶을 다시 억누르게 된다. 돈을 지키느라, 불리느라 전전긍긍 하게 되고, 이내 마음은 돈의 노예가 된다. 돈이 생기면 자유로워질 거라 믿었지만 실상은 그렇지가 않다.

그러면 돈을 어떻게 다루어야 할까? 정답은 없지만 명심할 만한 몇 가지 기본 지침이 있다.

첫 번째 지침은 부자가 되는 법을 아는 것이 중요하듯

돈

가난해지는 법을 아는 것 역시 중요하다.

경제적인 안락함은 외줄타기를 하는 것과 다름없다. 언제라도 떨어져 고꾸라질 수 있다.

품위 있고 우아하게 가난해지는 법을 안다면, 경제적으로 큰 난관이 닥쳐도 마음의 평화가 흔들리지 않는다.

가난해지는 법을 안다는 것은, 필요한 것과 욕망의 차이를 분별하는 능력을 키우는 것을 뜻한다. 그것은 자기 삶을 통제하는 법을 아는 것을 뜻한다. 즉 갖고 있는 것을 고치고 보관하는 법, 현명하게 구매하는 법, 필요치 않은 것은 사지 않는 법, 삶의 소박한 기쁨에서 즐거움을 얻는 법을 아는 것을 의미한다.

그것은 부족한 게 뭔지 파악하는 게 아니라, 가진 것에서 의미를 찾는 것을 뜻한다. 삶의 토대를 돈에 두지 않

On Money

고, 창의적이면서도 멋지게 사는 법을 아는 것을 뜻한다.

가난이 닥쳐올 때 가난을 받아들이는 법을 배운다면, 가난 덕분에 더 분명하고, 더 강인하고, 더 자립적인 사람이 될 것이다. 삶이라는 소박한 선물을 더 잘 인식하게 될 것이다. 하지만 우선 인생의 법칙을 배워야 하고, 나에게 씌워진 한계를 포용해야 한다.

두 번째 지침은 빚을 지지 않는 것이다. 재정적인 안락함과 마음의 평화를 해치는 최대의 적은 가난이 아니라 빚이다.

세상에는 빚의 이점을 역설하며 비즈니스를 하는 세력이 있다. 그들은 오늘의 빚으로 내일의 행복을 거머쥘 수 있다고 우리에게 소곤댄다.

돈

  그들은 여러 가지 논리를 제시하면서 유혹할 것이다. 그들은 '빚'에 그럴 듯한 옷을 입혀 그것을 '신용'이라고 부른다. 하지만 결국 똑같은 말이다. 오늘의 생활비를 위해 내일을 저당 잡히는 것이다. 그러고 싶은 사람은 없겠지만 그것이 현실이다.

  빚낸 돈을 투자해서 돈 벌 기회를 잡을 수도 있으므로, 빚으로 돈을 벌 수도 있다. 그러나 빚은 당장의 생활에 도움을 줄 수도 있지만, 장래가 더 나아지기를 바라는 소망을 짓밟아버린다.

  빚은 장래를 옭아매고, 그렇게 되면 희망이 사라지기 시작한다. 과거에 빚진 돈을 갚기 위해 인생을 송두리째 쏟아 붓는다. 가능하면 빚을 지지 말라. 꿈 많고 장래가 밝았던 사람도 눈이 흐려진다. 매일 빚이라는 무거운 짐

On Money

을 짊어지고 끝없는 지평선을 향해 걸어가는 모습처럼 슬픈 광경이 또 있을까.

세 번째 지침은 이것이다. 돈은 거머쥐려는 사람에게서는 슬금슬금 달아나려 하고, 나누려는 사람에게는 다가가려는 성질이 있다.

돈을 거머쥐려는 사람은 마음의 빗장을 걸고 살아간다. 아무것도 그 마음에 드나들지 못한다. 하지만 나누어 쓰는 사람은 타인도 나누는 사람으로 변하게 한다. 그러면 돈은 자유로이 움직인다.

돈은 의사소통에 쓰이는 언어 같은 것이다. 같은 언어를 쓰는 사람은 서로 쉽게 친해진다. 돈을 보호막이라며 움켜쥐는 사람은 자기도 모르게 그런 부류와 어울린다.

돈

눈을 부릅뜨고 주먹을 쥐고 의혹의 눈초리를 보내는 사람과 섞여 있다면, 우리 역시 같은 가치를 지닌 부류가 되기 마련이다.

돈을 공유하는 개념으로 보는 사람은 돈을 나누고 싶어하는 사람들과 함께 하게 될 것이다. 그러면 우리의 세상은 가능성으로 넘쳐나게 된다.

명심할 네 번째 지침은, 돈은 왔다가 가는 것이라는 사실이다. 돈을 잃을까 봐 노심초사해서는 안 된다.

나는 가끔 이웃에 살던 한 노인을 생각하곤 한다. 극빈자인 그는 심통 맞은 구두쇠 영감이다. 그 노인은 개집을 만들어 팔아 생계를 유지한다. 우리 동네는 달동네라서 사람 살 집도 못 지을 형편이라 개집을 사는 것은 꿈도

On Money

꾸지 못한다. 하지만 이 노인은 동네 사람들이 감당 못할 비싼 값에 개집을 팔려고 했다.

한번은 개집이 필요해 그를 찾아갔다. 나는 수중에 얼마가 있는지 말했다. 5달러가 부족했다. "값을 부르는 쪽은 나니까." 그는 그렇게 말하고는 문을 쾅 닫아버렸다.

요즘 그 노인의 집을 지나가다 보면, 마당에 어수선하게 개집이 쌓여 있는 것을 본다. 그의 집은 무너질 지경이다. 그렇게 가난에 찌들려 산다. 그런데도 개집 값을 내리지 않는다. 자기 마음대로 값을 정했지만, 아무도 그 가격에 동의하지 않는다. 자신이 정한 이윤에서 손해를 보지 않겠다는 고집을 버리지 않으면 그의 삶은 앞으로 한 걸음도 나아가지 못할 것이다. 언젠가는 개집에 파묻혀 죽을 테고, 개집은 재고 처분으로 개당 5달러에 팔

돈

려나가겠지.

이 노인을 타산지석으로 삼자. 그는 개집에 묶여서 아무것도 할 수가 없다. 삶을 영위하도록 도와주는 것을 가장 가치 있는 일로 삼아야 한다. 과거에서 탈피하고 싶다면, 손해를 보더라도 자신을 풀어놓아야 한다. 그러면 자기 세계가 계속 성장할 것이다. 실체 없는 가치에 매달려 버둥대면, 결국 재물에 인질로 붙잡히는 꼴이 되고 만다. 자신이 만든 감옥에 스스로 갇히게 되는 것이다.

돈을 어떤 방식으로 다루든 한 가지는 분명히 해야 한다. 돈은 일용품에 불과하며, 교환 수단에 지나지 않는다는 사실이다. 돈에 활기를 주고 의미를 부여하는 것은 그 교환 정신에 있다. 부자든 가난하든 나누는 사람들은

On Money

돈을 이 세상을 밝게 하는 데 쓴다. 부자든 가난하든 돈에 집착하는 사람들은 우리 사이에 놓인 문들을 걸어 잠그는 데 돈을 쓴다.

주는 사람, 나누는 사람이 되자. 그러면 예상하지 못한 방식으로 모든 일이 술술 풀릴 것이다.

4

재산

On Possessions

On Possessions

우리가 가진 재산은 대개 우연히 우리 삶에 들어온다. 내리는 눈처럼 조금씩 주변에 쌓이다가, 어느 순간 우리의 모습을 만든다.

우리가 의도한 것은 아니지만 재물이 생기면 더 행복해지고 충만감을 느끼게 될 거라고 예상한다. 그러나 그것도 잠시, 금방 평범한 일상이 되고 만다.

어느 날 깨어보니, 우리는 무의미한 재물에 둘러싸여 있다. 자유는 사라져 버렸다. 가뿐한 존재감도 없어져 버렸다. 그 자리에는 재물에 대한 책임감과 소유 의식만이 자리 잡았다. 우리 손으로 저질러 놓은 현실의 관리자로 전락해버린 것이다.

무슨 일이 일어난 걸까?

재 산

미련하게도, 우리는 사냥이 주는 전율감을 맛보느라 스스로 덫에 걸린 것이다. 흥분감에 도취되어 재물을 추구하는 것이 '추구' 이상의 아무것도 아님을 잊게 되는 것이다. 그리고 재물이 더 생기면 더 행복해질 것이라고 자기 최면을 건다. 하지만 삶은 온갖 재물로 막혀 버리게 되고, 우리는 돌처럼 땅에 박혀 버린다.

재물이란 모충으로 변하는 한갓 나비에 불과하다는 점을 기억해야 한다. 처음에는 환상의 날개를 달고 시작된다. 우리는 그것을 자유와 행복으로 여기고 삶을 바꿀 힘이 거기에 있다고 믿는다.

우리는 흥분하여 있는 힘을 다해 재물을 추구한다. 마침내 그것을 손에 넣을 때는 순간적인 희열을 느낀다. 그

On Possessions

러나 그 다음에 찾아오는 것은 메아리 같은 공허감이다. 소유했다는 전율감은 차갑게 식기 시작한다.

재물에 마음을 주지 않으며 살겠다고 맹세한다고 해서 현명하거나 슬기로워지는 것은 아니다.

청빈한 삶을 추구하지 않으면, 재물에 마음을 주지 않겠다는 생각조차 강박관념이 되고 만다. 자기 도취에 빠진 부유함도, 자기 도취에 빠진 가난함도 자신과 타인에게 아무런 도움이 못 된다.

재물의 본질을 알 필요가 있다. 그러면 재물이 가진 장점을 모른 체 하지 않고서도 그 무게에서 자유로워질 수 있다.

재산

 재물에는 고유한 가치가 없다는 사실을 늘 기억하자. 재물을 바라보는 우리의 생각에 따라 그 가치가 달라지는 것이다.

 재물로 인해 함께 나눌 게 커진다면, 재물은 좋은 것이 된다. 재물을 자신에게 맞추어 남을 평가하는 기준으로 삼는다면, 재물은 나쁜 것이 된다.

 재물을 추구할 때는, 그것이 나를 더 나은 사람이 되게 해줄지 물어보라. 더 나눌 수 있는 사람, 더 기꺼이 내주는 사람, 일상에서 좋은 일을 더 많이 할 수 있는 사람으로 만들어줄 수 있는지를 물어봐야 한다. 재물이 없을 때보다 더 자기중심적이 된다면 재물은 공허한 존재로 전락할 뿐이다.

On Possessions

 재물은 사람을 행복하게 하지만 불행하게 만들기도 한다는 점을 명심하라. 삶의 한계를 허무는 것도 재물이고, 가벼운 여행조차 할 수 없게 하는 것도 재물이기 때문이다.

 재물은 일단 손에 넣으면 환상에서 책임감으로 변해버리는 카멜레온과도 같다. 하늘을 향하던 눈길을 땅으로 끌어내리는 게 바로 재물이기에.

 재물이 주는 전율감을 추구한다면, 그렇다고 인정하자. 재물을 얻었을 때 느끼는 환희의 기쁨은 분명 있으니까. 하지만 추구하는 의미와 추구하는 물질을 혼동하지는 말아야 한다.

 재물이 쌓이면, 그것만이 중요하다는 잘못된 인식에

재 산

서 벗어나야 한다. 쓰지 않는 것은 과감히 내놓을 줄 알아야 한다. 가치 있는 재물을 꺼내어 그것을 더 소중히 쓸 사람에게 나누어주자. 재물은 내 본모습에 걸치는 한낱 장식품에 불과하다는 점을 인식해야 한다.

가진 게 없으면 그나마 갖고 있는 것이 더 귀해지고, 물질을 쌓아두기보다는 다른 이와 나누는 것이 더 깊은 의미가 있음을 알아야 한다.

욕망의 결실을 맺으려고 재물을 쌓기만 하는 사람은 결국 하늘을 날 수 있는 찬란한 날개를 잃게 될 것이다.

 재산 On Possession

5

나눔
On Giving

On Giving

타인에게 뭐가 나누어주는 것이야말로 무거운 마음을 바꿀 수 있는 기적과도 같은 것이다. 조금 전만 해도 각자의 근심을 안고 다른 세상에서 살던 두 사람이, 간단한 나눔의 행위를 통해 만나게 된다. 그러자 세상은 넓어지고, 아름다운 시간의 문이 열리며, 텅 비어 있던 자리에는 새로운 무엇이 들어서게 된다.

우리는 매일같이 일어나는 이 기적을 보지 못하는 경우가 너무 많다. 돈과 재물과 지위를 좇는 데만 급급한 삶을 살기 때문이다. 언제 어떻게 될지 모르는 세상에서 재물을 쌓아두어야만 자신과 가족을 보호할 수 있다고 믿는다. 나누는 행위를 지금의 내게서 뭔가를 빼내가는 것으로만 보고, 자신의 이익을 재는 저울로 나눔을 가늠

나눔

질한다.

 그러나 진정한 '나눔'은 경제적인 교환행위가 아닌 생명력 넘치는 행위임을 알아야 한다. 그것은 내가 가진 것에서 일부를 덜어내는 게 아니라, 우리가 세상에 미치는 영향력을 몇 곱절 더 더하는 일이다.

 나눔을 거창한 행위로 보는 사람이 많다. 그런 이들은 마음을 여는 소박함을 놓치기가 쉽다. 마음을 여는 일은 어디서든 누구에게든 실천할 수 있는 일인데 그걸 모른다.
 눈이 마주친 사람에게 '안녕하세요?'라고 먼저 인사할 수도 있고, 이웃에게 '제가 도와 드릴까요?'라고도 물어볼 수도 있다. 꽃을 들고 양로원에 찾아가거나, 몇 분만 짬을 내서 나를 필요로 하는 이와 대화를 나눌 수도

On Giving

있다.

 거리의 걸인에게 지폐 한 장을 줄 수도 있다. 거창한 칭찬이나 대단한 자비심이 필요한 게 아니다. 그저 주고 싱긋 웃으면서 걸어가면 그뿐이다.

 이런 소박한 일을 실천한다면, 나눔의 기적이 이해되기 시작할 것이다. 마음의 빗장을 연 사람과 진솔한 행복에 미소를 짓는 사람이 눈에 들어오기 시작한다. 소외되고 차별 당하는 기분이 아닌, 우리 사이의 행복한 동질감이 느껴지기 시작한다.

 얼마 지나지 않아, 우리는 소박한 행동이 환희와 행복을 만들어낼 힘을 갖고 있음을 알게 된다. 나의 선한 마음을 나눔으로써 타인의 선한 마음을 이끌어낼 수 있음을 알게 된다.

무엇보다 좋은 것은 나눔은 또 다른 나눔으로 이어진다는 사실이다. 어디에 살든, 어느 곳을 여행하든, 그 나라 말을 하든 못하든, 이름을 알든 모르든, 상대방의 작은 행동만 보고도 그가 '나눔을 실천하는 사람'임을 알아볼 수 있다. 그 사람 또한 나를 알아볼 것이다. 우리는 고운 마음을 믿고 함께 나누는 인간미 넘치는 공동체의 일원이 된다.

일단 나눔을 실천하는 사람이 되면 그때부터는 혼자가 아니다.

나눔 On Giving

6

여행

On Travel

On Travel

　모험을 즐기고, 저 언덕 너머에 무엇이 있는지 알고 싶은 갈망……. 어딘가로 떠나고자 하는 갈망은 마음 뒤편에서 울리는 메아리와 같다. 들리지 않는 소리와 보이지 않는 곳에 대해 말해주는 메아리.
　이 메아리에 귀 기울여야 한다. 기회를 만들어 나를 부르는 소리를 따라 길을 나서자. 아주 잠깐이라도 나그네의 삶을 살자. 마음에 소중히 남는 잊지 못할 경험이 될 테니.

　여행을 떠날 때는 자신의 정체성과 함께 집을 나서지만, 여행을 하다보면 또 다른 세상과의 만남을 통해 내가 알던 것들과 나의 정체성은 여지없이 깨진다. 그것이 여행의 마술이다. 생각지도 못한 사람들을 만나고, 상상하

여 행

지 못했던 풍경과 마주친다. 인생 전부를 쏟아 부을 정도로 넓어 보이던 나만의 세상이 작아지고 작아지다 마침내 시간과 공간에서 작은 점이 된다. 마침내 우리는 다른 사람이 되어 돌아온다.

여행지가 동경하는 외국이 아니어도 좋다. 그저 저녁 무렵 집에서 조금 떨어진 오솔길을 거닐거나, 여유가 있다면 집에서 제법 떨어진 낯선 마을의 공원 벤치에 앉아 있어도 좋다. 중요한 것은 익숙한 환경에서 벗어나 완전히 새로운 세계를 향해 나 자신을 연다는 점이다.

주변에는 진정한 여행자가 되기를 꺼리는 사람이 많다. 그들은 단지 관광객이 되어 다른 이들의 삶의 거죽만

On Travel

보고 지나친다. 그러면서 자기 것은 버리지 못한다. 가는 곳마다 자기 세계를 끌고 가거나, 두고 온 세상을 재현하려 안간힘을 쓴다. 자기가 아는 안전함을 건드리기 싫어한다. 나만의 경험이란 게 얼마나 알량하고 제한적인지를 알지 못한다.

진정한 여행자가 되려면, 자기 자신을 그 순간에 내주어야 한다. 자신을 중심으로 삼았던 세상에서 빠져나와야 한다. 다른 이들도 나름의 삶이 있다는 사실을 온전히 믿어야 한다. 그리고 나 자신을 발견할 곳이 있다는 것을 믿어야 한다.

여행지에서 만나는 사람들의 일상생활에 끼어들어보라. 그들의 삶을 평가하지 말고 포용하라. 그러면 그 삶의 아름다움을 알게 되고, 그들의 세계가 나의 일부가 된

여 행

다. 세상 곳곳에 가능성이 무궁무진하다는 사실을 깨닫게 되고, 언어와 문화가 달라도 똑같은 꿈을 공유하고 있음을 알게 된다. 사랑하고 또 사랑받고 싶다는 꿈을, 슬픔보다는 기쁨에 찬 삶을 살고 싶다는 꿈을.

하지만 여행은 언제나 상상만큼 낭만적이거나 이국적이지 않다. 익숙한 것들이 늘 우리를 부르고, 뿌리가 뽑혀나간 기분으로는 참다운 여행이 될 수가 없다.

어느 날 문득, 여행을 단지 삶의 도피처로 이용하는 자신의 모습을 보게 될지도 모른다. 한 시간이나 하루, 혹은 한 달, 너무 오래 자리를 비워서 이제 그 어느 곳에도 속하지 않게 되었음을 알게 될지도 모른다. 하지만 쳇바퀴 같은 일상 저 밑에 꿈을 묻고, 수평선 너머의 새로운

On Travel

세상에 무심한 사람이 되는 것이야말로 가장 형편없지 않을까?

미지의 세계에 나를 보내지 않으면 감각이 무뎌진다. 현실 세계가 작아지고 경이로움을 잃어버리게 된다. 눈을 들어 수평선을 보지 못하고, 주변의 소리를 듣지 못한다. 감각이 무뎌지고, 안락함에 기대어 날마다 같은 생활을 반복한다. 어느 날 일어나 보면, 하루하루를 지키려다 꿈을 잃어버렸음을 깨닫게 된다.

아무리 소박한 여행이라도 여행은 늘 우리에게 새로운 것들을 안겨준다. 두려움이 모험과 만나고, 외로움이 환희와 만나는 바로 그 순간에 삶의 희열을 느끼게 될 것

여 행

이다. 나아가고 싶을 때 뒤로 한 발짝 물러나는 것이 무엇을 의미하는지 알게 될 것이다.

　살면서 슬픈 일이나 큰 변화를 맞게 될 때, 수천 수만 가지의 삶의 방법이 있다는 사실을 터득할 것이다. 새로운 그 무언가를 향해 내 인생이 나아갈 것이며, 그 모든 것이 두고 온 삶만큼이나 가치 있다는 사실을 알게 될 것이다.

　지금껏 나는 많은 여행을 해왔기 때문에 방랑자의 눈으로 다른 세상을 볼 수 있었다. 내 작은 식탁과 따스한 침대의 고마움을 안다. 인생이란 얼마나 가슴 뛰는 기회인지, 지금의 내가 얼마나 큰 선물인지를 잘 안다.

　나이가 들어 몸이 마음대로 움직이지 않으면, 그때는

On Travel

추억이 나를 기다리고 있을 것이다. 추억이 나를 가뿐히 안아 들고 산 넘고 바다 건너 미지의 세계로 데려가 주리라. 나는 추억을 꼭 껴안고 방향을 돌려가면서, 상상 속에서 아침 해가 떠오르는 아름다운 풍경을 지켜볼 것이다. 나는 풍요롭고 평온할 것이다.

여러분도 그런 평화를 누리기를.

여행자가 무릅써야 되는 모험을 감수하자. 결국 우리는 더 풍요로워지고, 더 강인해지고, 더 분명해지고, 더 행복해지고, 더 좋은 사람이 될 것이다. 여행에서 부닥칠 위험 부담과 어려움은 우리가 얻을 지식과 지혜에 비하면 아무것도 아니다.

7

사랑

On Love

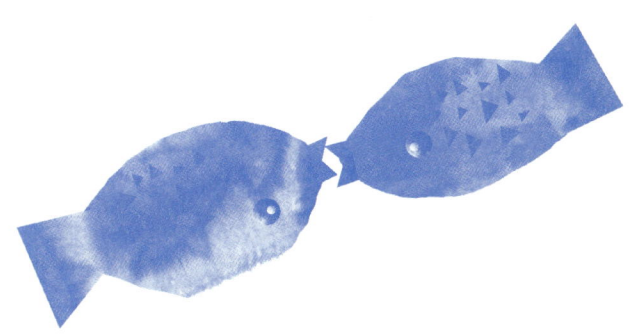

On Love

사람이 사랑에 빠지게 되는 과정은 참으로 신비스럽다. 어떻게 그렇게 되는지도 신비롭다. 언제 사랑이 오는지도 신비롭다. 어떤 사랑이 위대한 사랑을 만드는지도 신비롭고, 실패하는 어떤 사랑도 신비롭다. 이 신비를 분석하여 원인과 이유를 찾을 수도 있겠지만, 삶에서 직접 체험해보는 것 이상의 해답은 없다.

사랑은 두 사람이 나누는 관심과 매력과 습관을 합한 것, 그 이상이다. 생명이 적당한 때에 오가는 선물인 것처럼, 사랑이 다가오는 것을 커다란 선물로 받아들여야 한다. 이 선물은 질문할 수 있는 성질이 아니다.

사랑이 다가오면 사람들은 그 사랑을 꼭 붙잡고 놓치지 않으려고 안간힘을 쓴다. 그 사랑이 자유롭게 온 선물

사랑

이고 또한 자유롭게 가버릴 수 있는 선물이라는 사실을 인정하지 않는다. 사랑의 마음이 사그라지거나 사랑하는 이가 이별을 원하면, 우리는 잃어버린 사랑을 있는 그대로 받아들이기보다는 붙들려고 필사적으로 버둥댄다.

대답이 없는 곳에서 대답을 구하려 한다. 잘못이 뭔지 알고 싶어한다. 혹은 조금만 변하면 사랑이 다시 꽃필 거라 생각하고, 사랑하는 이의 마음을 돌리려고 애쓴다. 주변 상황을 탓하고 상대방을 탓한다. 이미 벌어진 일에서 의미를 찾으려 허둥댄다. 하지만 사랑 자체를 벗어나는 것은 의미가 없다. 사랑 자체의 신비를 인정해야만 고통의 바다에서 벗어나게 된다.

사랑이 가져다주는 모든 선물을 소중한 마음으로 대

On Love

해야 한다. 내가 그를 사랑하는데 그가 나를 사랑하지 않는다면 자신에게 너그러워야 한다. 내게 문제가 있어서 그가 날 사랑하지 않는 게 아니다. 그저 사랑이 그의 마음에 머물려고 하지 않을 뿐이다.

나는 사랑을 느끼지 못하는데 누군가가 나를 사랑한다면, 사랑이 와서 불러준 것은 영광이지만 받아들일 수 없는 선물이라며 정중히 사양해야 한다. 그의 마음을 이용하거나 상대에게 아픔을 주어서는 안 된다. 내가 사랑을 어떻게 대하느냐에 따라 사랑이 나를 대하는 방식이 결정된다. 각자의 삶과 사는 방식이 다를지라도 고통과 환희를 느끼는 것은 모두 같지 않은가.

내가 그를 사랑하고 그도 나를 사랑하지만, 사랑이 우리를 떠나기로 했다면 떠나려는 사랑을 붙들고 늘어지

사랑

거나 주위를 탓해서는 안 된다. 가도록 놓아주자. 다 이유가 있고 의미가 있을지니…….

다음을 기억하고 마음에 담아두자. 우리가 사랑을 선택하는 것이 아니라 사랑이 우리를 선택한다는 것을. 우리가 할 수 있는 일이란, 사랑이 우리 삶에 들어올 때 그 신비를 받아들이는 것뿐이다.

사랑은 오고 가는 때를 스스로 정한다. 나름의 때가 있고 나름의 이유가 있다. 사랑에게 머물러 달라고 부탁할 수도, 채근할 수도, 설득할 수도 없다. 사랑이 내 마음에서 또는 내가 사랑하는 이의 마음에서 떠나기로 결정하면 우리가 할 수 있는 일은 없다. 해야 할 일도 없다. 인생에서 잠시라도 내게 와서 머물러주었던 것을 기뻐하

On Love

라. 마음을 활짝 열어놓고 있으면, 틀림없이 사랑은 다시 찾아오리니.

8

결혼

On Marriage

On Marriage

　결혼에 대해 말할 때는, 결혼해서 할 수 있는 일보다 못하게 되는 일을 더 많이 떠올리는 듯하다. 나 역시 젊었을 때는 결혼하면 잃는 것이 많다는 두려움 때문에 결혼하지 않았다. 내 인생에게 실수하고 싶지 않았다.

　사회적인 관습이니까, 성적 매력에 끌려서, 혹은 당연히 해야 할 일로 생각하여 결혼하는 친구들을 많이 봤다. 그러나 결혼 후에는 마음이 변해서 서로 함부로 대하는 부부들도 보았다.

　겉으로는 아주 좋아 보이지만 실은 참으며 할 수 없이 사는 노부부도 보았다. 나는 사랑 없는 밤과 부부 싸움하는 낮을 상상했고, 나나 상대를 그런 운명에 빠뜨리는 일은 상상하기도 싫었다.

　아주 드물게, 함께 있으면 아름다워 보이는 노부부를

결혼

만난 적도 있었다. 그들은 그저 서로 의지하거나 결점을 참아주며 사는 게 아니라 진정으로 사랑하며 사는 듯했다. 그런 부부를 만난 것은 놀라운 일이었고, 오히려 이상하게 느껴질 정도였다. 나 자신에게 물어봤다. 저 부부는 수많은 날을 같이 살면서, 상대의 습관이 짜증스럽기도 했을 텐데 어떻게 저렇게 살 수 있을까? 사랑은 고사하고 함께 사는 것도 힘든 사람이 많은데, 도대체 무엇이 저들을 계속 사랑할 수 있게 하는 걸까?

비결은 좋은 선택에 있다. 기본적으로 둘 다 상대의 마음을 채워줄 수 있는 뭔가를 가져야 한다. 좋은 사람들이 만나 행복한 결혼 생활을 원한다 할지라도 때론 나쁜 관계로 끝나기도 한다. 그러니 애초에 좋은 관계를 만들 수

On Marriage

있는 사람을 만나는 게 중요하다.

 불행하게도, 첫만남이 이루어지는 단계에서는 상대를 제대로 알아보기가 힘들다. 성적인 매력이 수천 가지의 다른 사소한 것들을 가려 버리기 때문이다. 그 사소한 것들이 행복과 불행을 좌우하는 아주 중요한 요소임에도 처음에는 눈에 뭐가 씌워서 보이지 않는다. 압도하는 이 성적 매력 뒤에 뭐가 도사리고 있는지 제대로 파악할 방법을 찾아야 한다.

 성적인 매력이 발산되는 시기를 육체적 관계를 통해서만 상대를 파악하려는 사람들이 있다. 이런 방법이 통할 수도 있겠지만, 마음의 상처를 남기기가 쉽다. 또 어떤 이들은 서로를 알려고 노력하는 과정에서 성적인 부분을 아예 부정하려 한다. 하지만 이들 역시 상대를 제대

결혼

로 보지 못한다. 성적인 욕구가 채워지지 못하면 함께 어떤 삶을 살게 될지 제대로 가늠하기 어렵기 때문이다.

오랜 기간 친구로 지낸 후에, 서로에게 끌리고 있다는 것을 깨닫게 되는 연인들은 참으로 복이 많은 사람들이다. 그들은 상대의 웃음과 열정, 슬픔, 두려움을 잘 안다. 상대의 가장 큰 장점과 단점도 잘 안다. 성적인 친밀감에 빠져들기 전에, 함께 긴 시간을 보낸 덕분이다.

웃음은 두 사람에게 '마음의 궁합'이 맞는지 안 맞는지를 알아낼 수 있는 실마리를 제공한다. 함께 건강한 웃음을 웃는다면, 두 사람은 세상과 건강한 관계를 맺는다.

웃음은 놀라움을 낳는다. 서로 웃게 할 수 있다면 늘 서로를 놀라게 할 수도 있다. 늘 서로 놀라게 할 수 있다

On Marriage

면, 세상을 늘 새롭게 만들어 갈 수 있다.

웃음이 없는 만남이라면 재고해봐야 한다. 아무리 친밀한 관계라도 심각하기만 하다면 딱딱한 분위기로 변하기가 십상이다.

내가 세상을 존중하는 방식과 같은 관점을 가진 배우자를 찾아야 한다. 연애 초기에 두 사람이 함께 있을 때는 두 사람만의 공간에 세상이 들어 있다고 느끼게 된다. 서로 끝없이 매력을 느끼고 서로가 나누는 감정에 압도되어 바깥 세상을 전혀 보지 못한다. 그러나 관계가 진전되고 시간이 흐르면 바깥 세상이 다시 중요해진다. 이때, 타인이나 주위 환경을 대하는 상대의 방식을 받아들이지 못하면 결국에는 피할 수 없는 슬픔을 맛보게 된다.

결혼

주변 세상을 대하는 각자의 방식을 존중하지 못한다면 결국 서로를 존중하지 못하게 된다.

상대가 신비로운 인생에 대해 어떻게 대처하는지도 지켜봐야 한다. 우리는 낭만적인 면과 현실적인 면이 만나는 지점에서 산다. 한 사람이 인생의 보이지 않는 신비에 깊은 영향을 받고 있는데, 상대방은 눈에 보이는 현실에만 급급하다면 그 간격을 메우려고 애써야 한다. 그 간격이 크면 서로 소외되고 오해받는 기분을 느끼게 된다.

배우자를 선택할 때는 시간을 충분히 가져야 한다. 그러면 결혼이란 기적이 삶에 자리 잡을 수 있다. '기적'은 강력한 어휘여서, 나는 그 말을 쓸 때는 신중을 기한다.

On Marriage

어쨌든 결혼에는 기적이 (변화라는 기적이) 있다.

변화란 자연계에서는 흔하디 흔한 것이다. 씨가 꽃이 되고, 누에가 나비가 되며, 겨울은 봄이 되고, 사랑은 아이가 된다.

내가 변화하겠다고 나서 선택한 것이 곧 결혼이다. 우리의 사랑이 씨앗처럼 뿌려져 시간이 흐르면 싹이 트기 시작한다. 꽃을 활짝 피우게 될지 알 수는 없지만, 꽃이 피리라고 자신할 수는 있다. 신중하고 현명하게 선택했다면, 꽃이 활짝 피어날 것이다. 잘못된 선택을 하였거나 결혼생활을 정성을 다해 가꾸지 않았다면, 꽃은 그대로 시들어버릴 것이다.

이 사람과 함께라면 성장할 수 있다는 굳은 믿음이 있

결혼

다면, 가보지 않은 길과 선택하지 않은 사람에게 끌리는 마음을 억누를 수 있는 자신감이 있다면, 또 앞으로 닥칠 여러 일을 끌어안을 수 있는 힘이 있다면, 그 사람은 결혼이 주는 기적을 받아들일 준비가 된 사람이다. 그렇지 않다면 기다려야 한다. 행복한 결혼이 주는 은총이야말로 참을성 있게 기다릴 만한 가치가 있다.

 결혼 On Marriage

9

부모가 되는 것

On Parenthood

On Parenthood

 인생에서 완벽한 것은 별로 없다. 우리는 완벽한 애인, 완벽한 가정, 완벽한 직업을 추구한다. 그러나 늘 알지 못하는 것, 즉 가지 않은 길이 드리우는 그림자의 유혹이 있다.

 하지만 완벽하게 우리의 마음을 채워주는 것이 딱 하나 있다. 부모가 되는 일이다. 갓 태어난 아이를 바라보는 부모에게 어떠한 한계나 제약은 없다. 그저 완벽한 사랑으로 그 아이를 보게 된다.

 이것은 자연스러운 일이다. 아기는 부모로부터 완벽한 사랑을 갖고 태어난다. 아기에 대한 완벽한 사랑이 우리 스스로를 완벽하게 해준다. 아기의 순결함이 우리 안에서도 순결함으로 피어나게 한다. 내 품 안에 있는 아이의 눈을 들여다본 사람만이 그 생명의 신비를 이해할 수

부모가 되는 것

있다.

  아이는 부모에게 순수한 마음이라는 선물과 더불어 이해심이라는 또 하나의 선물을 준다.

  부모가 되면, 온 세상이 내 눈앞에서 다시 만들어진다. 세상의 이치를 새롭게 배우게 된다. 자신의 부모를 더 잘 이해하고, 그들에게 받은 사랑과 그들이 겪은 어려움에 감탄하게 된다. 부모된 나의 불완전함이 더 잘 눈에 띄게 된다. 모든 것을 제대로 하고 싶고, 부모의 역할과 책임이 얼마나 중요한지 알게 된다. 자신보다 더 소중한 존재가 있음을 느끼게 된다.

  갑자기 삶에 중심이 잡힌다. 실패가 더 크게 보이지만, 장점 또한 더 크게 보인다. 무엇을 믿고 무엇을 흘려

On Parenthood

보내야 할지 알게 된다.

 부모가 될 기회를 얻는다면, 신비와 경외감 넘치는 마음으로 바라보라. 부모가 되는 자는 새로운 생명을 지켜보는 환희를 얻는다. 나 아닌 다른 존재가 풍요롭고 신비로운 삶 속으로 날아가도록 돕는 기회가 된다. 잠시지만 세상을 빚는 흙덩이를 내 손에 쥐고 있는 셈이다.

 이 책임을 가볍게 여기지 말자.
 아이의 삶이 시작되면, 아이에게 가족과 역사와 공동체에 대한 의식을 심어줘야 한다. 아이는 그 울타리 안에서 인생을 배우게 된다.
 아이에게 선함에 대한 최고의 비전을 제시해야 한다.

부 모 가 되 는 것

또 윤리 의식과 바깥 세계에 대한 건전한 비전도 보여줘야 한다.

무엇보다 아이에게 시간을 내줄 마음의 준비가 되어야 한다. 시간만이 침묵의 손으로 형태를 빚기 때문이다. 우리는 아이가 언제 자신의 세계로 날아갈지 모른다. 부모가 함께 하던 울타리를 떠나, 그의 몸과 마음과 정신이 언제 훨훨 날아갈지 모른다. 그날이 오면 아이에게 내주었던 시간과 우리가 미친 영향력을 가늠할 수 있을 것이다. 그때부터 우리는 거꾸로 아이로부터 시간이란 선물을 받고자 할 것이다.

부모가 되는 일에 신중히 다가서자.
그렇다고 자유를 잃을까 봐 겁낼 필요는 없다. 아이와

On Parenthood

연대감이 생기면 생각지도 못했던 자유도 발견하게 된다. 하지만 삶의 공허감을 메우기 위해 부모가 되어서는 안 된다. 아이는 부모의 삶을 비추는 거울과도 같다. 부모의 공허감이 예기치 못한 모습으로 아이에게서 드러나게 된다.

부모가 된다는 것은 그 무엇보다도 온전함을 요구한다. 부모의 모든 능력과 믿음, 그리고 장단점까지 모은 인생 전부를 아이 앞에 펼쳐놓아야 한다. 아이는 부모 앞에 있는 짧은 시간에도 그 모양새를 잡아가기 때문이다. 자신을 잘 가꾸고 마음이 평온할 때라야만 자신감 있고 즐겁게 부모 노릇을 시작할 수 있다. 그런 상황이 아니라면 기다려야 한다.

부모가 되는 것

　내 아이든 다른 사람의 아이든, 건강한 아이든 아픈 아이든, 예쁘게 생긴 아이든 못 생긴 아이든, 아이는 우리네 인생에서 가장 큰 기적이다. 아이는 우리의 세상에 새로운 햇살을 비춰준다. 그 선물을 받을 준비가 되어 있는지 살펴보라. 부모로서의 삶을 살기 전에 부모됨을 영예롭게 여길 마음부터 갖춰야 한다.

부모가 되는 것
On Parenthood

10

외로움과 고독

On Loneliness and Solitude

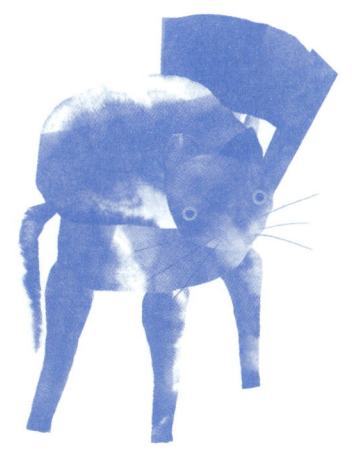

On Loneliness and Solitude

홀로 있는 시간을 가져야 한다. 그저 몇 분, 몇 시간이 아니라 며칠씩. 기회가 주어진다면 몇 주일이라도 좋다.

홀로 보내는 시간은 우리에게 백 배로 보답한다. 그 시간이 영혼의 시험대이기 때문이다. 홀로 있는 시간은 내가 자신과 화해하고 있는지, 아니면 허울뿐인 일상에서만 삶의 의미를 발견하는지 알게 해준다. 내가 허울뿐인 일상을 사는 사람일수록 홀로 보내는 시간은 나를 되찾게 해주는 소중한 기회가 된다. 지혜와 내적인 힘을 키울 기회로 삼을 수 있다.

오늘도 하루가 분주한 일로 바쁘게 지나간다. 늘 할 일이 남아 있고, 잔잔한 연못을 바라보는 일 따윈 생각조차 못한다. 그 연못에서의 짧은 시간이 사소한 일로 수다를

외로움과 고독

떠는 것보다 훨씬 나은데도 말이다.

자칫 잘못 생각하면, 우린 이 분주한 활동을 '의미 있는' 것으로 오해할 수 있다. 한시도 쉬지 않고 숨이 차도록 일해도 해야 될 일은 여전히 남아 있기 마련이다.

평생 일을 해도 결국은 일을 남겨놓고 죽을 것이다. 살면서 할 일은 밑도 끝도 없이 많다. 삶의 리듬을 받아들여, 일손을 멈추고 한숨 돌려야 되는 때가 있음을 알아야 한다. 앞에 놓인 일이 아무리 중요할지라도 말이다.

'고독'을 그저 홀로 있다는 뜻의 시어(詩語) 정도로 여기는 사람이 많다. 하지만 혼자 있는 것 자체는 아무것도 아니다. 홀로 있는 것은 고독의 토대가 될 수도 있고, 외로움의 토대가 될 수도 있다.

On Loneliness and Solitude

고독은, 외로움과는 다른 평온한 상태를 말한다. 빈 방에 앉아 주변이 텅 비어 있음을 느끼는 것은 외로움이다. 반면에 고독은 나를 둘러싼 공간과 내가 하나가 되는 것이다. 즉 '하나된' 상태이다.

외로움은 작고, 고독은 크다. 외로움은 주변으로 좁혀 들어오고, 고독은 무한을 향해 뻗어나간다. 외로움은 언어에 뿌리를 내리고 있다. 아무도 대답하지 않는 내면의 대화이다. 하지만 고독은 영원이라는 거대한 침묵에 뿌리를 내리고 있다.

사람들은 홀로 있기를 겁낸다. 외로움만 알기에 그렇다. 사람들은 자신으로부터 세상을 이해하기 시작하고, 자신이 이해의 중심에 있을 때 편안해 한다. 하지만 고독은 자신을 내 사고의 중심에서 빼내어 삶의 다른 부분을

외로움과 고독

온전히 경험할 수 있게 한다. 그것은 이해의 초점을 자신에게 두지 않고 자신을 우주의 흐름에 맡기는 것이다.

이렇게 말하면 신비롭고 추상적으로 들리겠지만, 우주에는 개인의 생사를 초월한 영원의 소리 같은 그 무엇이 있다. 시끄럽고 번잡한 일상 속에서는 이 소리를 듣기 어렵다. 모든 것을 초월해, 죽음이라는 피할 수 없는 현실과 화해시켜 주는 것이 바로 이 소리와의 하나됨이다. 이것은 우리를 더 큰 것의 일부로 만들어준다. 고독에 잠기면 이 위대한 영원의 소리의 일부가 될 수 있다.

자연은 고독을 주는 가장 분명한 원천이다. 하루하루를 채우는 잡다한 수다를 누를 수 있는 것은 이 위대한

On Loneliness and Solitude

자연이다. 홀로 자연으로 나갈 지혜와 용기가 있다면 영원의 소리와 금방 만날 수 있다. 그 소리를 발견하면, 소리는 나를 위해 늘 그 자리에 있을 것이다. 평온이 내 안에 깃들게 되며, 가는 곳마다 마음 안에서 그 소리를 들을 수 있게 된다.

그 소리를 찾는 것은 쟁기를 연마하듯, 조용하고 침착하고 평온하게 이루어진다. 천천히, 굽힘 없이 고독이라는 궁극적인 고요 속으로 들어간다. 우리는 생각을 초월한 곳에 (심장의 고동이 들리고 느껴지는 곳, 우리를 에워싼 대지에 쏟아지는 햇빛의 변화를 볼 수 있는 곳) 있다. 우리는 계속되는 삶을 인식하며 살게 된다.

이러한 인식 속에서 온 세상이 변하게 된다. 단순한 사

외로움과 고독

물에 불과했던 나무는 이제 살아 있는 것이 된다. 싱그러운 나무 냄새를 맡을 수 있고, 나뭇잎이 흔들리는 소리를 들을 수 있고, 바람결에 살랑대는 리듬을 느낄 수 있다.

고독 속에서 침묵은 음악이 된다. 시간은 순간들을 모아놓은 것에서 별의 리듬을 타고 흐르는 움직임으로 바뀐다. 외로움은 내몰리고, 고독은 꽃을 피운다. 우리는 생명의 박동과 시간의 흐름을 지닌 존재가 된다.

고독 속에서 경험하는 의식은, 그것이 주는 평화를 생각해보면 아주 귀한 것이다. 평범한 관계에서 진정한 사랑에 이르는 열쇠 또한 이 고독의 경험에 있다. 내면에 단호하고 자신감 넘치는 부분이 있다면 내 안을 채워줄 다른 사람은 필요 없다. 선량하고 자존감이 넘치는 나만

On Loneliness and Solitude

의 공간이 나에게 있다는 것을 안다면, 사랑하는 이들에게도 그런 공간이 있음을 인정해줘야 한다. 상대의 사생활을 캐묻거나, 내 안의 공허감을 상대로 하여금 메우려 들지 말아야 한다.

주변의 세상을 둘러보라. 산은 홀로 있어도 조바심치지 않는다. 하늘을 나는 새들은 태양과 하나가 되려는 갈망 따윈 품지 않는다. 그것들은 완벽한 평화 속에 존재한다. 우리가 고독 속에서 찾는 평화가 바로 그런 것이다. 자기 안에서 평화를 찾아라. 그러면 평생 외로운 순간은 없을 것이다.

11

힘
On Strength

On Strength

　우리는 각자 다른 종류의 힘을 갖고 있다. 어떤 사람은 견딜 수 없어 보이는 장애에도 의연하다. 또 어떤 사람은 어두운 세상에서 빛을 보기도 한다. 아무것도 바라지 않고 가진 것을 선뜻 내주는 사람도 있고, 주변 사람에게 중요한 존재라는 자각을 심어줄 줄 아는 사람도 있다.
　하지만 아무리 이런 힘을 가졌다 해도, 행동으로 이어지게 하는 확실한 믿음이 없으면 아무 소용이 없다. 확신은 가야할 길을 분명하게 해주어 딴 일을 하고픈 순간에도 그 길을 가게 한다.

　진정한 힘은 물리적인 힘이 아니라 확신이다. 확신은 믿음에서 생기며, 믿음에는 두려움과 불확실성이 발을 붙이지 못한다. 확신의 적은 비겁한 마음과 두려움이 아

힘

니라 혼란스러움이다. 분명하지 않고 건전한 의도가 부족한 것이 그 적이다.

 진정한 힘은 적을 만들지 않는다. 자신을 존귀하거나 영웅적인 존재로 보지도 않는다. 칭송을 받지 못하거나 눈에 띄지 않고서도 묵묵히 할 일을 해 나가는 것이 진정한 힘이다.

 집에서 조용히 지내면서 병든 부모를 돌볼 줄 아는 사람은 높은 산에 오르는 사람과 다름없이 강인하다. 원칙을 지키려는 사람은 전쟁에서 적군을 물리칠 수 있는 사람만큼 강인하다. 그들은 더 조용하고 차분한 힘을 가지고 있을 뿐이다.

 진정한 힘은 타인의 약점을 꼬집지 않는다. 진정한 힘은 상대를 더 강하게 만든다. 남을 더 약하게 느끼게 한

On Strength

다면 그것은 힘이 아니라 군림이다.

자신의 진정한 힘을 찾으려고 애써야 한다. 그것을 가꾸고 키워야 한다. 그리고 주위와 나누어야 한다. 어둠 속에서 사는 이들에게 자신의 힘이 빛이 되게 하라.
물리적인 힘은 사람들을 두렵게 하고 사랑에 근거한 힘은 사람들을 열광하게 만든다.

12

비극과 고통

On Tragedy and Suffering

On Tragedy and Suffering

 사는 동안 누구에게나 비극과 고통이 다가온다. 내 힘으로는 막을 수도 없고 피할 수도 없다. 비극과 고통은 제가 택한 시기에 찾아든다. 비극과 고통이 찾아들 때면 우리는 그것들에 압도되어 아무것도 할 수 없게 된다.

 매사가 잘 풀릴 때는 세상이 작아 보이고, 일상의 일들을 내 마음대로 조절할 수 있다. 하지만 비극과 고통이 들이닥치면, 보호벽이 무너지면서 우리의 세상은 산산조각 난다.
 한동안 우리는 비명 속에서 살게 되고, 거기에는 비상구도 없이 오로지 비명의 메아리만 들린다. 어제는 그렇게 중요해 보였던 일들이 아무것도 아닌 것처럼 여겨지고, 일상의 걱정 또한 아주 시시하고 자신과 상관없는 일

비극과 고통

로 여겨진다. 그러나 우리는 자신을 되찾기 위해 애쓰게 되고 이러한 노력이 우리를 변화시킨다. 결국 우리는 더 큰 세상으로 나아간다. 진정으로 중요한 게 무엇인지 알게 된다. 그렇게 깨달은 것을 일상에 접목시키는 것은 우리의 책임이다. 인생을 새롭게 생각할 기회를 얻게 되는 것이다.

비극과 고통 속에 잠겨 있을 때 어떻게 반응하는지를 보면 그 사람이 가진 힘을 정확히 가늠할 수 있다. 그런 순간을 변화와 성장의 기회로 삼아야 한다. 삶에서 중요한 것을 되찾는 데 필요한 신의 선물로 받아들여야 한다.

인간은 믿기 어려울 만큼 유연한 생물이다. 우리의 몸

On Tragedy and Suffering

은 질병이 아니라 건강을 향해 나아간다. 정신도 육체와 마찬가지이다.

하지만 치유할 것인지 말 것인지에 대한 여부가 아니라, 어떻게 치유할 것이냐를 묻는 게 중요하다. 슬픔과 아픔은 한동안 머무르다 떠나기 마련이다. 그때가 되면 새로운 나의 모습을 만들기 위해 마음을 써야 한다.

그러므로 비극과 고통을 두려워해서는 안 된다. 사랑이 그렇듯, 비극과 고통 역시 우리를 더 인간답게 만든다. 비극과 고통을 통해 더 창의력 넘치고 강인한 사람이 될 수 있다.

13

노인

On the Elders

On the Elders

　노인을 대하는 태도를 보면 그 사람의 됨됨이를 짐작할 수 있다.

　아이들과 마찬가지로 노인들도 짐이다. 하지만 아이들과는 달리, 노인들은 희망이나 장래성을 주지 못한다. 그저 무거운 짐이요, 골칫거리이고, 사람이 늙으면 죽는다는 사실을 보여주는 거울일 뿐이다. 이런 사실을 알면서도, 노인들에게서 얻을 수 있는 지혜와 그들에게 받은 생명에 대한 고마움을 알고 섬긴다면 훌륭한 심성을 지닌 사람이다.

　현실 속에서 노인에게 고마워하기란 쉽지 않다. 우리는 노인들에 대한 감각을 잃어버렸다. 그들은 '노인 계층', '노약자', '은퇴자'와 같은 뭉뚱그려진 말 속에 갇

노인

혀 있는 슬프고 우울한 존재이다. 우리는 그저 죄책감 때문에 노인들을 참아주고, 또 그들이 우리의 짐이 될까 봐 걱정한다. 혹은 아무 관계도 없다는 듯이 대하기도 한다. 그들을 사랑하지도 존중도 하지 않으며, 오랜 세월을 살면서 터득한 그들의 지혜를 구하지도 않는다.

아무리 소박하고 평범한 인생을 산 노인이라도, 그는 우리가 사는 세상을 이미 경험한 사람이다. 과거의 그 어떤 세대보다도 우리와 가까운 세대가 지금의 노인들이다. 그들에게 물려받은 우리의 피에는 그들의 이야기가 녹아 있다. 노인들에게 말을 걸 때야말로 우리를 태어나게 한 세상에 가장 가깝게 다가가는 순간이다. 그런 이유만으로도 노인을 존중하고 공경해야 한다. 그들의 말에

On the Elders

귀기울여야 한다.

하지만 그보다 중요한 것은 노인들에게서 우리의 미래를 볼 수 있다는 점이다. 그들도 젊은 시절이 있었고, 앞으로 우리도 그들처럼 될 것이다. 우리는 바로 이 순간에도 늙어가고 있다. 그리고 노인들은 우리와 함께 있을 때마다 그들의 젊은 시절의 메아리를 듣는다. 노인들에게 손길을 내밀 때마다 우리는 상상하지도 못할 만큼 슬기로워진다.

물론 불쾌하게 만드는 노인도 많다. 젊은이들과 다름없이 자신에 대한 생각과 걱정으로만 가득 찬 사람들이다. 그들은 젊은 사람의 마음은 아랑곳하지 않고, 자기

노인

가 필요한 것과 감정만 생각해달라고 요구한다. 그런 노인을 만나더라도, 한 개인의 특성으로 이해해야지 모든 노인이 다 그렇다고 넘겨짚지는 말아야 한다. 아이들처럼, 노인도 주변 세상에 의존한다. 그러면서 자신에 대한 존재감을 잃을까 봐 몹시 겁낸다. 그들은 불확실한 죽음에 직면해 있고, 힘겹게 이룩한 그들의 세계가 힘센 젊은 세대로 인해 밀려난다는 사실에 씁쓸해 한다. 육신은 점점 쇠잔해 간다. 젊은이들이 가까이 하지 않기에, 노인 주변에는 노인들만 모여들게 된다. 그래서 그들은 추억 속에 묻혀 사는 경우가 많다.

겉으로 드러나는 행동만 보고 판단하지 말아야 한다. 노인의 약하고 독특한 성격만 보지 말고 사람 자체를 봐야 한다. 우리도 힘들거나 병들면, 혹은 화나거나 고통

On the Elders

스러우면 얼마든지 불쾌하게 사람을 대할 수 있다. 노인들에게는 힘들고 병들고 화나고 고통스러운 경우가 다반사다. 하지만 그런 행위의 저변에는 세월만이 가르칠 수 있는 통찰력이 깃들어 있다.

지나친 동정심을 갖고 노인을 대해서도 안 된다. 보살핀다는 명분 아래 노인을 마치 아이 다루듯 하여 그 품위를 손상시키는 경우가 너무 많다. 쓸데없이 크게 말하거나, 노인을 바보 대하듯 한다. 그런 사람들은 노인이 생활의 소소한 면을 염려하는 것을 보고 아이가 되었다고 무시한다. 또 행동과 태도에서 노인을 전혀 존중하지 않는다. 말로는 존중한다면서 사실은 그렇지 않다.

이런 행동은 노인이 자신의 허약함을 자각하도록 거

노인

울을 비춰주는 것과 같다. 자신의 소중함을 볼 수 있는 거울을 비춰줘야 마땅하지 않는가. 마음에서 우러나오는 보살핌과 존경심은 약한 사람에게 큰 도움을 주고, 인간다움과 강인함을 깨닫게 해준다. 보살핌과 존경하는 마음을 갖게 되면 노인들의 말을 잘 들어주게 되고, 웃게 되고, 심지어 그들에게 활력을 주기까지 한다. 노인의 말과 행동을 진지하게 받아들이는 태도, 그것이 보살핌과 존경이다.

노인들은 허약하지만 위엄을 갖추고 싶어하고, 또 위엄을 가치 있게 여긴다. 무엇보다도 자신의 인생이 여전히 가치 있다고 느끼고 싶어한다. 그리고 자신의 손으로 만든 세상과 얻은 지식이 무시되지 않기를 바란다.

On the Elders

 그러므로 노인들을 사랑하자. 존경하자. 거짓 존경으로 대하지도 말고, 의무감으로 대하지도 말자. 불쌍히 여기는 마음이 아닌 순수한 마음으로 그들에게 다가가자. 그들의 말을 귀담아 듣자. 그들이 언젠가 우리가 찾아갈 머나먼 나라라도 되는 듯 보살피자. 그리고 그들만이 가르쳐줄 수 있는 교훈을 배우자.

 노인들의 세계를 존중하고 존경하고, 그들만이 간직한 경험의 열매를 나눌 수 있는 사람이라면, 소박하지만 다른 어떤 곳에서도 얻지 못할 선물을 얻을 것이다.

 미처 몰랐던 역사에 대해 알게 되고, 미래를 이해하는 지혜를 얻게 될 것이다.

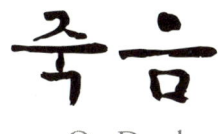

죽음
On Death

On Death

 죽음은 누구에게나 신비스럽다. 탄생이나 사랑처럼 죽음도 인간을 하나로 묶어준다. 하지만 어느 누구도 거기에 뭐가 담겨 있는지, 혹은 죽음이 어떤 경고를 해주는지에 대해서는 확실히 알지 못한다.

 임상사 (기기에 의하지 않고 임상적 관찰로 판단한 죽음) 를 경험한 이들이 들려주는 이야기를 통해 죽음을 얼핏 엿볼 수 있을 뿐이다. 어느 종교든지 사후를 약속한다. 하지만 누구나 죽음을 홀로 만나므로 각자 개인적인 준비를 해야 한다.

 여러 해 전, 개기일식을 본 적이 있다.
 높은 언덕에 올라 밝아오는 여명을 마주하고 앉았다. 새들의 노래가 들려오고, 언덕 기슭에서는 소떼와 말떼

죽음

가 한가로이 풀을 뜯고 있었다. 그 순간 달이 해를 가리기 시작하면서, 대지는 뭐라 표현할 수 없는 고요에 잠겼다. 바람이 잦아들고 새들도 침묵에 잠겼다. 소떼는 풀밭에 앉았고, 말떼는 머리를 숙였다. 곧 숨은 해의 테두리에서 새어나오는 희미한 빛이 어둡고 고요한 대지를 어슴푸레 비췄다.

바로 그때, 중요한 일이 일어났다. 죽음에 대한 두려움이 사라졌던 것이다. 나는 햇빛을 빼앗겼고, 내가 아는 세상에는 거대한 어둠이 내렸다. 하지만 공포심 같은 것은 없었다. 두려움도 없었다. 나 자신이 사라졌으나 그것은 우주와 하나됨으로 사라진 것이었다.

그 순간 내가 본 게 무엇이었는지 이름을 붙일 수가 없다. 나로선 이해할 수 없는, 인간 저 너머에 있는 것이었

On Death

다. 하지만 그것이 죽음과 관계 있다는 것만은 분명했다. 그렇게 큰 평온함은 처음 맛봤다는 것, 그 평온함이 논리 따위를 눌러버렸던 것은 분명히 기억한다. 나는 오랫동안 갈망하던 잠을 껴안듯 그것을 받아들였다.

우리는 너무 왜소하고, 죽음은 너무 거대하다. 우리는 자아를 상실하는 것이 두려울 뿐이며, 그림자가 해를 알듯 우리는 자아의 영원함을 알게 된다.

그러니 꼭 그래야 한다면 죽어가는 것을 두려워하라. 죽음은 우리가 아는 유일한 삶을 앗아간다. 그것은 슬퍼할 가치가 있는 상실임이 분명하다. 하지만 죽음 그 자체를 두려워하지 말라. 죽음은 너무나 위대해서 축하할 수도 없고, 너무나 대단해서 두려워할 수 없는 것이다. 죽

죽음

음은 우리에게 판단력을 가져다주는데 이로 인해 우리는 우리의 삶을 조정할 수 있게 되고, 우리를 자연의 거대한 리듬에 태워 천상의 영원한 평화와 하나되게 한다.

그 언덕에서 대지의 빛이 사라지는 광경을 본 짧은 순간, 무심함도 상실감도 느껴지지 않았다. 내가 느낀 것은 뭐라 말할 수 없는 성취감과 한계가 무너지며 평온 속으로 들어가는 그런 기분이었다. 거대한 우주와 하모니를 이루던 순간이었다.

죽음을 그 하모니로 들어가는 찰라의 과정으로 받아들여야 한다. 지금은 그 하모니를 듣지 못한다. 어쩌면 그 소리가 공허한 침묵으로 들릴지 모른다. 하지만 그 광대함은 공허하지 않다. 그것은 분명 존재한다. 가장 위대한 곳에서도 침묵은 소리를 지니고 있다.

죽음 On Death

15

영혼의 여행

On Spiritual Journey

On Spiritual Journey

 별빛 쏟아지는 밤하늘을 보거나, 해질녘 붉게 타오르는 노을을 바라볼 때 다가오는 그 느낌……. 아름다운 어느 새벽, 기억나지 않는 어떤 곳에서 맑은 향기가 다시 느껴질 때의 그 떨림……. 시간의 시작 저편에, 그리고 공간의 한계 저 너머에 있는 신비로움……. 그것이 바로 '신'이다. 그것은 내가 살아있다는 강렬한 느낌을 마음 깊은 곳에서부터 느끼게 해준다.

 신이 없다는 사람들도 있다. 그들에게 신은 현실을 바로 못 보는 자들의 버팀목이요, 삶에서 신화가 필요한 자들의 동화일 뿐이라고 일축한다. 그들은 우주의 근원에 대한 합리적인 설명과 자연 현상에 대한 과학적인 근거를 덧붙인다. 세상에 악과 불의가 판친다고 지적하기도

영혼의 여행

하고, 종교 간의 불화로 일어난 전쟁이나 이교도인을 상처 입힌 역사를 그 예로 든다.

우리는 이들과 입씨름을 벌일 수가 없다. 또 그래서도 안 된다. 중국 철학자 장자가 "우물 안 개구리에게 바다에 대해 말할 수 없다."라고 했듯이, 이들이 바로 '우물 안 개구리'이다.

나를 에워싼 우주의 신비가 느껴진다면, 그것은 바다의 소리를 듣고 있는 것이다. 우물을 떠나 찬란한 햇빛 속으로 나아가, 마침내 바다를 향해 가야 한다. 자기가 갇혀 있는 우물의 크기와 모양을 놓고 토론하고 싶어하는 사람들과는 상대할 필요가 없다.

머나먼 바다의 부름이 들릴 때, 서로 모순되거나 융통성 없는 믿음 때문에 그 부름을 외면해서는 안 된다. 인

On Spiritual Journey

생에는 여러 갈래의 길이 놓여 있고, 저마다의 길에서 바다는 다르게 보인다. 다른 이의 길을 비판하지 말고, 마음 속 깊은 곳에서 울려나오는 소리에 더 다가갈 수 있는 길을 찾아야 한다.

자신의 현재 모습을 인정하는 것부터 시작하라.

모든 사람은 태어날 때 저마다의 개성을 선물로 받았다. 어떤 이는 자비심을 선물로 받고, 어떤 이는 웃음을, 또 어떤 이는 자제심을 선물로 받는다. 사람의 아름다움을 느낄 줄 아는 이도 있고, 자연의 아름다움을 느낄 줄 아는 이도 있다. 공평하지 않은 인생에 예민한 사람도 있고, 우리 주변의 선한 것들에 대해 칭송하는 사람도 있다.

이 모두가 출발점이다. 하나같이 믿음의 장소이기 때

문이다. 내가 가진 선물을 (믿음의 원천을) 발견해서 키워 나갈 방법을 찾아야 한다.

내 영혼의 음악에 아름다운 소리를 더해줄 것 같은 종교를 만나면, 두려워말고 그것을 따르기를 바란다. 종교가 존재하는 이유는 여러 사람이 나눈 근본적인 영혼의 진실에 소리를 더해주기 때문이다.

이런 종교적 전통은 내가 아직 가보지 못한 바다에 이르는 길을 알려준다. 그 길을 가기로 결정한 사람은 나보다 앞서 그 길을 간 이들의 발자취를 발견할 수 있다.

영혼이 이끌리는 종교적 전통을 발견하면, 온 마음을 바쳐 그 경전을 읽고, 그 의식에 참여하고, 영성을 키우는 길에 헌신하라.

On Spiritual Journey

하지만 나의 믿음이 마음 안에 있는 고요하고 개인적인 것이라면, 주저 말고 그 길을 가라. 자신 안의 신을 직접 만난 신비주의자와 몽상가들에게 지혜를 구하라. 매일 신을 더 가까이 경험할 수 있는 마음의 습관을 가꾸기를 바란다.

영혼의 성장은 수양을 통해 연마되고 완성된다. 그것은 악기처럼 연주되어야 한다. 길처럼 걸어갈 수 있어야 한다. 기도를 통해서든 명상이나 예배, 수행을 통해서든 영혼의 성숙을 향해 스스로 움직여야 한다. 영적인 수행을 하지 않고는 영혼의 이해가 깊어지지 않는다.

살다보면 어느 순간 갈 길을 잃은 기분이 들 때가 있

영혼의 여행

다. 너무 피곤해서 한 발짝도 더는 옮길 수 없을 것 같을 때, 혹은 지금 가야 할 길보다 다른 길이 더 중요해 보이는 때도 있다. 내 믿음이 한순간의 열정에 불과하다고 느껴지기 시작하는 순간도 온다. 아무것도 신경 쓰고 싶지 않은 때도 온다.

이런 상황이 오더라도 자신을 너무 닦달하지 말아야 한다. 인생 자체가 영혼의 여행이다. 가능성이 넘쳐나는 땅에 들어설 때도 있지만 황량한 땅에 들어서는 순간도 있기 마련이다. 계속 앞으로 나아가라. 몇 걸음만 더 가면, 다시 한 번 거대한 바다의 부름을 듣게 될 것이다.

무엇보다도 자신이 가는 길에 대한 믿음을 가져야 한다. 있는 힘껏 그 길을 따르되, 어쩔 수 없이 길을 바꿔야 할 경우라면 길을 바꾸어라. 하지만 바다를 찾는 일을 포

On Spiritual Journey

기하지는 말아야 한다. 길의 끝이 가까워지면 바다의 존재를 더 확실히 느끼게 될 것이다. 기대했던 길을 찾지 못할 수도 있지만, 어쨌든 길 위에 서 있지 않은가.

한 가지 진실을 찾을 수 없다고 해서 신을 찾는 것을 포기해서는 안 된다. 우리는 다원적인 세상에 살고 있다. 고집불통인 자들은 진실이 (영적이든 문화적이든 정치적이든, 혹은 다른 면에서든) 사람들마다 각기 다른 방식으로 주어진다는 사실을 인정하지 못한다.

햇살 쏟아지는 날처럼 빛나는 길을, 약속과 추억의 향기가 넘치는 길을 찾으라. 그리고 그 길을 가라. 태양이 보이지 않는다고 해서 햇살 속을 걷지 않겠다고 버티는 것은 바보나 하는 짓이다.

16

에필로그
신비로움 껴안기

Epilogue : Embracing the Mystery

Epilogue : Embracing the Mystery

 지금껏 수많은 사람들이 인생에 대해 논하고 해답을 제시했지만, 인생에 대한 신비는 여전히 남아 있다. 삶의 영역을 지도로 그려보고 우주의 가장 먼 곳까지 측량해보지만, 아무리 찾아봐도 인간이 우연한 존재인지 거대한 계획의 일부인지 알 수가 없다.

 어느 누가 알아낼 수 있을까? 갓난애의 눈을 보면서 경험하는 신비로움을 빼앗기고 싶은 사람이 어디 있을까? 망인의 얼굴을 보며 무엇이 빠져나갔는지 알 수 있을까? 이런 것들이 우리를 인간으로 만들어준다. 우리가 밤하늘에 반짝이는 별과 다르다는 것을 가르쳐준다.

 그래도 삶은 만만치 않다. 그 신비로움의 많은 부분이 어둡다. 비극이 일어나고 불의가 판친다. 착한 사람에게

에필로그 : 신비로움 껴안기

나쁜 일이 일어나고, 죄 없는 이가 고통을 받는다. 살기 위해 다른 생물의 목숨을 빼앗아야 하고, 생존하기 위해 형제자매의 아픔을 외면해야 한다. 우리는 시간의 죄수이며, 생태계의 희생자이고, 자기 꿈의 인질이다.

때로는 너무 힘들어 현실을 받아들이지 못할 때도 있다. 하지만 떨치고 일어서야 한다. 이 세상은 멋지고 신비로운 곳이다. 우리 마음이 품을 수 있는 모든 가능성이 여기 이 세상에 담겨 있다. 어둠을 좋아하는 이는 어둠을, 빛을 좋아하는 이는 빛을 볼 것이다.

인생은 매일 새롭게 꾸는 꿈과도 같다. 이 꿈을 빛으로 물들이고, 행복한 인생으로 가꾸는 것은 전적으로 자기

Epilogue : Embracing the Mystery

손에 달려 있다.

위인들은 언제나 이것을 알았다. 잘못을 알고 바로잡는 것이 명예롭듯이, 제대로 산 인생 또한 삶이 주는 선물로 빛난다는 사실을 알았다. 지식의 끝에 있는 어둠은 (이 어둠 때문에 우리는 불확실성에 휩싸이기도 한다) 우리를 확신 너머로 이끌어주는 길일 뿐이다. 그 어둠은 우리의 삶을 희망의 목격자로, 가능성의 증인으로 만든다. 우리가 품을 수 있는 가장 훌륭하고 명예로운 충동으로 향하게 하는 길이다.

어려울 게 없다. 특별하지 않은 사람이라도 사랑의 능력을 품고 있다. 비록 자신이 꿈꾸던 삶을 살지 못했다 해도, 우리 모두는 인간 가족의 일원이다. 삶의 한 편 어딘가에 사랑의 기회가 있다.

에필로그 : 신비로움 껴안기

 시각 장애인이라면 손으로 조개껍질을 더듬어서 그 아름다움을 이야기할 수 있다. 다리가 불편한 사람이라면 바닷가에 앉아서 쉴 새 없이 밀려오는 파도를 보며 우주의 경이로움에 빠질 수 있다. 영혼에 상처를 입었더라도 그 아픔을 준 이들에게 손을 내밀 수도 있다. 외롭다면 사랑을 간절히 원하는 사람들 속으로 들어갈 수 있다. 어마어마한 비극이나 불의 따위는 없다. 미천하거나 하찮은 생명도 없다. 우리는 삶의 조용한 움직임과 숨겨진 순간들 속에서 빛을 볼 수 있다.

 그렇다면 이런 움직임과 순간들이 어떤 차이를 만든다고 누가 말할 수 있을까? 우주는 시간과 공간 위에 놓여 있는 커다란 마법의 막과 같으며, 그 막은 삶의 비밀

Epilogue : Embracing the Mystery

과 방식을 우리가 볼 수 없도록 한다. 어쩌면 우리는 한순간의 도전을 만나려고 여기에 왔을지도 모른다. 우리의 손길만이 세상을 변화시킬 것이다.

 여행의 끝에 다다르면, 아침 해가 비춰 어둠이 물러나듯 근심도 사라지겠지. 우리가 도운 어린이, 우리가 심고 가꾼 정원, 정성껏 차린 저녁 식탁, 환자의 이마를 짚었던 작은 손길은 우리가 우주에 남기는 유산이 될 것이다.
 사랑이 필요한 곳에 사랑을 주고, 힘과 보살핌이 필요한 곳에 힘과 보살핌을 주고, 대지와 자연을 책임감 있고 겸손하게 돌봤다면 그것으로 충분하다. 이제 조용히 가서 쉬면 된다. 세상을 좀더 따뜻하고, 친절하고, 사랑이 넘치는 곳으로 만들었다는 사실만 알면 된다. 시간이 짧

에필로그 : 신비로움 껴안기

고 우리의 역할이 적었더라도, 시간 속 어딘가에 우리의 행동은 결실을 맺을 것이고, 우리의 기억 속에서 대지는 조금은 더 나은 곳이 될 것이다.

 작은 유산에 불과하지만, 그럼에도 아름다운 유산임은 분명하다. 갓난아기의 울음소리와 멀리서 빛나는 별 사이 어디쯤, 잠시나마 우리 안에 신비가 살아 있었다. 그 존재를 느끼는 것과 그 신비를 물려줄 기회를 얻은 것은 우리만의 특권이 아닐까!

세상을 보는 16가지 지혜

SIMPLE TRUTHS

초판 1쇄 발행 2007년 7월 10일

지은이	켄트 너번(Kent Nerburn)
옮긴이	공경희
발행인	최규학

기획·진행	장성두
마케팅	최복락
본문디자인	Arowa & Arowana
표지디자인	Arowa & Arowana

임프린트	체온365
발행처	도서출판 ITC
등록번호	제8-399호
등록일자	2003년 4월 15일

주소	서울시 은평구 역촌동 85-8 보원빌딩 3층
전화	02-352-9511(대표)
팩스	02-352-9520
이메일	chaeon365@itcpub.co.kr

ISBN-10 : 89-90758-76-9
ISBN-13 : 978-89-90758-76-7

값 9,000원

※ 체온365는 도서출판 ITC의 일반 단행본 부문의 임프린트입니다.
※ 이 책은 도서출판 ITC가 저작권자와의 계약에 따라 발행한 것이므로
   본사의 허락 없이는 어떠한 형태나 수단으로도 이 책의 내용을 이용하지 못합니다.
※ 잘못된 책은 구입하신 서점에서 바꾸어 드립니다.

www.itcpub.co.kr